해와 달의 밀회

해와 달의 밀회

손두형 두 번째 시집

머리말

작년 말 첫 시집을 내고
지난 2월 출판기념회를 열며
응원과 격려의 여운이 아직 남아 있습니다만
가슴에 담아두었던 이야기들이 아직 쌓여
있었던 것 같습니다.

두 번째 시집은 서두르지 않겠다 생각했는데,
주변에서 생활하며 느낀 것들을
다시 모아 두 번째 시집을 만들고 말았습니다.
좀 더 나은 시어를 갈망했습니다만
부족하기는 마찬가지였습니다.

오랜 기간
더 숙고하고
손 봐야 함에도
덜 익은 과일을 내놓고 말았습니다.

부끄럽지만
다시 한번 지켜봐 주셨으면 합니다.

감사합니다.

                                  2024년 6월 초여름
                                      손 두 형

차 례

머리말/ 4

제1부 꽃이 가는 길(16)/ 11

어느 봄날/ 13
모과꽃 이야기/ 14
바람이 분다/ 16
꽃이 가는 길/ 18
봄날은 간다(1)/ 20
변심/ 22
자목련과 백목련/ 24
산바람 강바람/ 26
샛강/ 28
꽃이 진다/ 30
봄날은 간다(2)/ 32
들꽃과 풀꽃/ 34
호수에 비친 달/ 36
봄바람 불어와/ 38
노란 천국/ 40
겨울 산/ 42

제2부 살아가면서(16)/ 45

흔적 남기기/ 47
호흡의 행로/ 48
가슴에 맡긴다/ 50
지하철 시/ 52
살아가면서/ 54
또 다른 변신/ 56
내 기도 속에/ 58
조율이시/ 60
쉼표와 느낌표/ 61
물 먹는 하마/ 62
보고 잡소 / 64
인생 내비게이션/ 66
여행 끝자락/ 68
십자가 못 박기/ 69
목 긴 민들레/ 70
지하철 종점/ 72

제3부 소중한 것/ 75

바람과 구름/ 77
기도합니다/ 78
엄마가 돼야/ 80
가족사진/ 82
나비잠/ 84
소중한 것/ 86
딸과 아들/ 88
아가 손/ 89
이웃 친구/ 90
비 오는 골목길/ 92
오랜 반찬/ 94
나의 반쪽/ 96
보리밭/ 98
나와의 약속/ 100
늦바람났어요/ 102
엄마의 밥상/ 103
검은 송편/ 104

제4부 순회공연/ 105

그림 그리기/ 107
병실의 꿈/ 108
해와 달의 밀회/ 110
한 달 살기/ 112
이번 달 음식/ 114
뻥튀기 공작소/ 116
짧은 소풍/ 118
순회공연/ 120
복어의 복수/ 122
헤어짐/ 124
이팝나무 꽃잎 되어/ 126
그날 밤/ 128
자화상 그리는 시간/ 130
두에기 해변/ 132
작은 공간/ 134
행복한 무궁화/ 136
골목길/ 138

맺는말/ 140

제1부 꽃이 가는 길

어느 봄날
모과꽃 이야기
바람이 분다
꽃이 가는 길
봄날은 간다(1)
변심
자목련과 백목련
산바람 강바람
샛강
꽃이 진다
봄날은 간다(2)
들꽃과 풀꽃
호수에 비친 달
봄바람 불어와
노란 천국
겨울 산

어느 봄날

붉다
당신의 볼이 붉다

어느 봄날 내가 꺾었던 그 꽃처럼
당신의 볼이 붉다

볼에도 꽃에도 붉은 노을 스며들어
주위를 맴돌고 있다

어느 봄날
붉은 꽃 같은 너를 본다.

모과꽃 이야기

아름다운 꽃은 열매가 변변찮고
열매가 귀한 것은 꽃이 별로라는데
모과꽃이 그런가 보다

작지도 크지도 않은 것이
여러 색깔 띄워 놓고
영롱한 빛 보여 주고 있다

꽃에 비해 열매는 엄청나게 커도
커다란 대우는 못 받으나
제 몫 다해내고 있다

모과꽃에 마음 가는 이유는 뭘까
노란색 깊은 곳에 담겨 있는 큰마음
이런 오묘하고 신비한 모과꽃이 좋다

바람이 분다

봄바람 살포시 다가왔다
겨울 소식 묻어 버린
매화 동백 생강나무 산수유
춘삼월 껴안고 있더니

사월 첫 주부터
벚꽃 복숭아꽃 사과꽃
차례대로 피어나는 것이
어찌 약속이나 하셨는지

보는 사람 생각해서 배려해 주고 있는지
봄바람에 박자를 맞추고 있는 것인지
물어봐야겠다

바람 부는 대로
조금 가볍게 살아도 괜찮은데
때로는 바람에 맡기고
가끔은 시간에 맡기고

꿀벌 뒤를 쫓아가면 꽃밭이라
들꽃 피는 소리에도 물결은 인다

꽃이 가는 길

오랜 시간 기다려 바깥세상 만날 생각에
설렘으로 흔들리고 매화 동백 따라
봄꽃들도 꽃망울 터트릴 차례를 기다린다

찬 바람 머금은 채
살짝 흐린 햇빛 아래
냉이도 얼굴 내밀고 쑥도 올라오면
황홀한 꽃길로 접어들려 한다

시냇물 소리 리듬 따라
떨어지는 꽃잎
술잔에 받아 본다

수줍음 못 견디고
활짝 피어 유혹하는
붉은 잎 날려 보낸다

꽃길 아름다워 가까이 다가가면
지고 난 흔적은 아픈 상처 투성이
추한 모습 보이기 싫어
땅속으로 숨을 것이다

연못에 하늘 비치니 반짝이는 꽃길
보살펴 준 숲에게 모든 걸 돌려 줘야한다
모두 사라지기 전 사랑해야 한다

봄날은 간다(1)

찬 바람 스쳐 간 강가 풀밭
좁은 틈 비집고 솟아오른 싹을 본지
며칠밖에 안 되었는데

긴 사연 안고 봄을 함께했는데
얼룩진 작은 상처 어루만지며
배추흰나비 추억 길 따라나선다

지친 꿈 쉬고 나서 모두가 떠난 자리
진홍 꽃잎 흩날리며 혼자 울고 있다
시간 흐른 뒤 오늘이 그리울 거야

봄날 빨리도
왔다 간다
봄날은
봄바람과 함께 가버리고 없다

변심

봄비 내리는 날
봄이 오는 소리
봄꽃 수줍게 고개 떨구고

봄날 가면서 긴 여름 데려왔다
움직이지 않았는데도 덥다

여름과 가을 사이
큰 비바람 날리는 잎새 따라

그냥 그렇게 여름 가고 가을 오듯
늦가을 지는 꽃을 오래 쳐다 보다

겨울의 시작 또다시
봄을 기다려야지
겨울이 있어야만 봄꽃 볼 수 있다.

간직하는 게 많은
계절이 될 거라 믿는다
어라 봄이 왔네

자목련과 백목련

자목련은 고교 시절의 교화
백목련은 대학 시절의 교화

자목련은 고귀한
믿음 자태 품고 있고
자연 사랑이란
두 가지 색의 아픔을 안고 있다

백목련은 고결하고
청초함을 자랑해도
이루어질 수 없는 사랑이라 안타깝다

꽃은 크고 화려해도 슬픈 전설 배어들어
빨리 모습을 감추나 보다

어두운 그늘 아래
더 화려하게 빛난다
자목련 백목련 마주 보고 있어도 정겹다

산목련이 자백받으려 지켜보다
꽃잎 터트린다.

산바람 강바람

자연의 변화는 계절 따라 오묘해도
자연은 결코 배신 하지 않는다

자유롭게 만끽하고 더불어 숨 쉬고
순간마다 최선을 다하는 것 같다

붉게 타는 노을 산자락 밑 작은 집
굴뚝에 피어오르는 연기
강가에 비치는 늘어진 나뭇가지
날갯짓하는 파란 꼬리 물까치 노랫소리

황금물결 벌판 위를 휘도는 구름과 바람
화려한 꽃과 탐스러운 열매
산허리 감는 운무 내려앉고
밤과 낮, 교대 시간 맞춘 벌레들 움직임

모두가 아름다운 모습이다
자연에서 배우고 닮아 가야지

산바람 강바람 넘나들며 큰 힘을 보여 주려
아스팔트 틈 뚫고 나온 꽃 한 송이 환하다.

샛강

여의도 남쪽 샛강을 걷다
새싹 환영식을 위해 강변 안개 걷히고
윤중제 벚꽃을 밀어내고 봄볕 따사롭다

수로 옆 산책길 타고 관찰마루에서
생태연못 내려다본다.
억새풀 마른 가지 헛기침을 해댄다

여름 오기 전 습지에 피어나는 꽃들
꽃보다 바라보는 사람이 아름답다
이 순간이 가장 중요하다

능수버들 갯버들 가지 늘어지고
꽃들 사이로 나비와 벌을 부를 것이다
아름다운 꽃일수록 빨리 시들어 간다

박새와 딱새 마중 나온다
여의도에 생명을 주는 젖줄이 되고 있다
생태공원의 몫을 다해내고 있다

꽃이 진다

꽃이 지는 걸 아름답다 한다
힘들어서 떨구는 건 아닐까
새로운 열매 얻기 위한 정해진 순인가

피어난 색깔도 크기도
피어 있는 기간 모두 달라도
지는 모습은 같다
가까이 보면 아름다워 보이질 않는데

한 해의 굴레를 벗어나기 위한 몸짓
꽃이 지우는 아픔을 모른 척해야지
지는 꽃의 발자국을 따라가 본다

사라져 가는 모습
공유하고 싶진 않을 거다
꽃은 피어 있을 때가 꽃이련만
꽃이 지는 모습에 눈을 감는다

봄날은 간다(2)

삼백 년 은행나무 틈새로
애기똥풀과 민들레가 함께 피어나
한 가족이 되었다.

장호원 송산리 언덕에
복사꽃과 배꽃이 마주 보고 웃고 있다
벌들이 바쁘게 임무를 다하고 있다

너무 빨리 꽃 잔치에 초대된 게 신기한 듯
잔디꽃과 라일락도 고개를 내밀었다
내일부터 내리는 비 소식 걱정일까

일찍이 찾아온 더위에,
꽃잎 쳐다볼 겨를도 없이
아쉬움에 애태우며 봄날은 간다

들꽃과 풀꽃

들꽃이 풀꽃에게 말했다
여기까지 살아 내느라 힘들었겠다
첫눈에 봐도 예뻐
무릎 꿇고 보지 않아도
꼼지락거리며 떨고 있는
네가 사랑스러워

풀꽃이 들꽃에게 답했다
오밀조밀하게 비밀을 가진 너도 힘들지
흔들리며 숨 쉬는 모습을 발견하고 놀랐어
지금 세월을 탓하지 않는 게
어찌 이리 고운지
너의 숨결과 향기가 번지는 것이 그리워

두 눈을 맞추어 가며
내 안에 너 있다
우린 서로 풀꽃 들꽃이라 부르지 않아
따뜻한 얼굴과 몸짓으로
떨림에도 귀 기울여 볼 거야
오래 머무르고 싶다

호수에 비친 달

오늘따라 달이 밝고 크다
호수에 비친 달빛 따라 윤슬이 곱다

아름다운 꽃들도 밤이 되면 몰래 숨고
어둠 속에서 예쁘고 고운 말을 기다린다

함께 있지 못해 간절한 그리움으로
궁금해하며 사랑이란 단어를 새겨본다

사과 한 쪽 반으로 나누어 깨물고
지금 순간 잔잔함을 눈에 담아둔다

남겨둔 나날들이 시들고 사라지기 전
이 사람 만나러 달빛 고운 밤 여기 왔다

봄바람 불어와

봄바람 불어와
명자꽃 붉게 물들여 놓았다

온통 산 곳곳을 여러 색깔로 칠해 놓고선
간간이 뿌린 봄비 따라 떠날 준비 한다

아카시 향 숲을 에워싸고 내려앉더니
긴 여름 데려오려나

끈적거림과 큰 비바람은 벌레들과 함께
오랜 시간 잠을 설치게 할 게 틀림없다

봄바람 싱그럽게
더 머물다 가도 좋으련만
봄은 항상 마음이 바쁜가 보다

노란 천국

생강나무 산수유 영춘화 개나리
애기똥풀 황매화 민들레 복수초
노란 천국을 이루었던 꽃들이 지나면서

흰색 분홍색 붉은색 연보라빛
꽃들이 차례대로 몰려오고 있다
여름엔 흰 꽃이 많다는데

검은 나비 한 쌍 바쁘게 움직이고 있다
노란 꽃들을 전부 지우려는 듯
한 꽃에 머무름 없이 공평하게 들렸다 간다

노란 천국 흔적을 남기지 않고
가버린 뒤에도 계절은 계속될 것이다
수옥폭포 떨어지는 물소리 변함없다

겨울 산

삼월 초순 지난주
폭설이 뿌리고 간
설악과 울산바위 마주하니
태백산 줄기 장대하고 엄숙하다

무채색으로 변해버린 산 덩어리
코발트 빛 기운 섞여 있고
밝은 노을이 주위를 맴돌고 있다

저 눈 녹아 대지에 스며들고 깊게 흘러
봄꽃 데려올 준비를 하고
우울했던 하늘도 슬픔 벗어나려 몸부림친다.

묵중하게 누르는 무게감
자연 속에 스며들고 쌓인 게 많아서 그런지
겨울 산은 언제나 말이 없다

제2부 **살아가면서**

흔적 남기기
호흡의 행로
가슴에 맡긴다
지하철 시
살아가면서
또 다른 변신
내 기도 속에
조율이시
쉼표와 느낌표
물 먹는 하마
보고 잡소
인생 내비게이션
여행 끝자락
십자가 못 박기
목 긴 민들레
지하철 종점

흔적 남기기

사랑은 더 사랑하는 사람이 지는 놀이
내 마음에 꼭 맞는 사람은 없다
할 수 있는 만큼만 하면서 살아야지

맺기도 어렵지만 끊기는 더 어려운 인연
사랑이란 단어로 덮는다
그러나 가끔 가슴 저려 올 때가 있다

사랑은 이별과 후회를 만들지만
꼭 필요한 상비약 중 하나
이유도 마침표도 필요 없다

커피와 삶은 따뜻할 때 즐겨야 한다는데
이 세상에 온 흔적 사랑으로 남겨야지
급속 충전 필요할 때가 지금이다

호흡의 행로

내 몸 안의 기를 찾아 보고
마음 내리고 진정한 삶과 진리 찾아
깊은 곳에 뭉침을 씻어 본다

긴 호흡과 왼쪽 오른쪽 교차하는 움직임
비 온 뒷날 맑은 하늘 보듯
머리부터 발끝까지 무리 없는 소통을 한다

쇠잔한 기운을 풀고 바른 숨을 쉬어 가며
아랫배에 생각을 쓸어담아 본다.
균형 이루어 중심 잡는다

기지개 굴신운동 단전호흡 명상 비움
몸은 마음 담는 거울, 마음은 기운 담는 그릇
단단하게 맺힌 응어리 순환 되게 한다

평범하고 부드러움 속에서 국선도로 포장하여
또 다른 지혜를 얻을 수 있도록
내 몸 어루만지고 두드려 주려고 한다.

가슴에 맡긴다

머리보다 가슴에 맡긴다
마음도 쉼이 필요하다
*양근성지를 둘러보다 미사 시간 함께 한다

이른 봄 아직 황사 바람이 시샘하는 듯
유리 창밖 풍경이 도심의 성당과
사뭇 다른 분위기를 연출한다

보랏빛 양초들 영생 찾아 말과 행동
묵상으로 데려간다.
부활절이 다가왔나

아직 움직일 수 있고
자연을 찾을 수 있음에
감사 기도드린다.
건강 잃고 굽신거려야 하는 일 생기지 않도록…

아침 눈 뜨고 잠들 때까지 하루 종일 평화가
지속될 수 있도록 안식을 찾아 줄 것이다
찬 바람 불고 나면 새로운 봄이 찾아오겠지

*양근성지: 경기도 양평군 물안개공원 옆에 있고, 많은 순교자를 배출한 성지로 성당과 함께 있음.

지하철 시

하루 두세 번 지하철
탈 때마다 지하철 시
눈여겨 읽어 본다

길지 않은 내용 속 사연도 가지가지
각자 다른 걱정과 꿈을 안고 있을 텐데
어찌 이리 고운 생각 옮겨 놓았을까
한 편의 시 올리기 위해 많은 고심 했으리라

삶의 효소 선물하니
내 마음 가득 차
지난 기억 회상과 느낌 곱게 모아
스쳐 지나는 눈길 사로잡고 있다

살아가면서

알고 보면 모든 게 행복한 사람은 없다
어두운 곳이 있어야 밝은 곳도 있다
살아지기보다는 살아가야 한다

살면서 거짓말이 필요할 때도 있다
선의의 거짓말 한계는 어디까지인지
넘치는 칭찬과 격려는 괜찮치 않을까

풍요로운 삶을 위해 다른 사람 마음
읽고 들을 수 있다면 자연스럽게 춤을 추듯
없는 것을 만드는 힘이 된다

있는 그대로 건네면 상처가 크게 되니
뒷모습까지 행복할 수 있도록 부풀려 본다
하루의 새벽은 두 번 다시 오지 않는다

펭귄들이 남극 상공을 날고 있단다
자세히 보니 살찐 제비들이다
행복한 만우절이다

또 다른 변신

작은 공간 속 움츠려진
긴 세월 기다렸다
새로운 세상 만나기 전
헌 옷 벗고
얇고 가벼운 새 옷 찾아 입어 본다

비단 망사 비치는
결들도 반짝이고 곱디곱고
정교한 하얀 무늬 곳곳에 박혀 있다

칠 일 안에 모든 한
쏟아 내고 가야만 하니
노래도 사랑도 바쁜 순간들이다

성숙한 매미로
낮 더위 안고 돌아가고
새로운 변신을 해야만 하는
길고 긴 한 여름날의 상쾌한 아침이다.

내 기도 속에

기도 속에 내려 주신 빛 마음속에 오래 머물고
별빛 숨어도 영원히 지키는 별이 되어 주소서

삶이 평화롭고 희망찬 나날이 계속되며
당황하는 일 없이 지혜로움 소망합니다

많은 믿음 주시고 거듭 사랑을 알게 하여
맑은 영혼이 되도록 이끌어 주시고

밝은 햇살 가득히 내려 길을 찾아
은혜로움 간직할 수 있도록 해 주세요

항상 감사함을 느끼며 정의로운 세상
지속될 수 있도록 손을 잡아주시네요

부활절 아침
달걀 두 알 쥐고 돌아와
잠들 때까지 기쁨만 지속되도록 촛불 밝혀주세요

새싹 돋아나는
나무와 꽃도 부활입니다
은총이 가득한 축복의 날, 축하합니다

조율이시

대추는 씨가 하나라 임금
밤은 두 쪽이라 좌의정 우의정
배는 씨가 여섯 개라 육조 판서
감은 씨가 여덟 개라 팔도 관찰사

올해 사과값이 올라 제사상에 빠졌는데
이해해주실까
내년엔 대추와 밤만 올라가면 어쩌나
오렌지 올리고 영의정이라 할까

쉼표와 느낌표

내 삶의 쉼표 찾아보니
오르막내리막 중간쯤 있다

너를 칭찬하는 느낌표
보이는 것 모두 감동하며 살자
때문에보다 덕분에 감사

쉼표와 느낌표가 섞여야
인생이 부드럽다
만약에 보다 다음에

사랑에는 마침표가 없다

물 먹는 하마

물 먹는 하마는 스펀지처럼 모든 것을
빨아드리고 누르면 다시 되돌려준다

카메라 녹음기 네비게이션 텔레비젼 온도계
손전등 팩스 나침반 계산기 전화기…

사전 지도 서적 신문 잡지 달력 수첩 지갑
성경 통장 카드 앨범 교통시간표…

닥치는 대로 흡수하고 내뱉는다
몇 년 전과 비교할 수 없는 세상 되버렸다

모바일폰 휴대폰 스마트폰 핸드폰 셀룰러폰
이름도 많네 손전화가 정답다

무서운 물먹는 하마 문방 오우는
십 년 뒤엔 어떻게 변화될까

공중전화 삐삐 시절 그려보면서
알람 켜고 오늘 밤도 꼭 쥐고 눕는다

보고 잡소

여행길 그곳 터미널 도착
주변에서 들려오는 목소리 정답다

오메 지비 낯짝이 쪼까 반반하요
니만 생각하믄 내 맴이 겁나 거시기해

나으 가슴이 요로코롬 뛰어분디 어째스까
보고 자퍼 죽겠당께 시방 그짝으로 간다 잉

내 옆에 찰떡 맹키로 뽀짝 붙어 있으랑게
요라고 보고 있슴시롱도 겁나게 보고 잡네

있냐 니는 시상 귄 있는 내 갱아지여
금메마시 어찌까 머더러 나왔능가 욕봤소

니랑 있응께 시간이 폴째 가부렀네
암시랑토 안 한 척해도 솔찬히 감사하요

터미널 떠난 버스 창밖을 바라보며
흘린 단어들을 담아 본다

인생 내비게이션

세상에 이런 일이 있네

내 목소리 한마디에
목적지까지 가장 빨리 가는 길
주변 맛집과 볼거리도 알려준다
지방에 가면 그 지역 사투리로
안내도 해주고
도착 예정 시간 걸리는 시간
친절히 안내해준다

내 목소리 한 마디에
그곳까지 가장 늦게 가는 길 알려주고
주변 맛집과 구경거리도 안내하고
도착 예정 일자와 출발 시간도
그곳 사투리로 친절히 미리 공지해주는
인생 내비게이션 급히 필요하다

세상에 이런 내비게이션 있으면
얼마나 좋을런지

여행 끝자락

여러 지역에서 모인 밀가루가 합쳐지고
달걀 우유 설탕을 만나 주물러지고
꽤 긴 시간
서늘한 곳에서 반성의 시간을 갖더니

늘려지고 나누어져
흰콩과 팥 크림이 섞여
참기름 깔고 앉아 찜질방으로 향한다
달달하고 부드럽게 겉은 바삭 속은 촉촉

폭신한 피부로 그윽한 향을 머금은 채
비닐 옷과 예쁜 종이옷을 입는다
지역명과 이름으로 여행 끝자락에
화려하게 변신하여 선물로 만나게 된다

십자가 못 박기

오래된 십자가상
아버님 책상 위 있던 성물 물려받았으니
60년 가까이 되었다

세월을 이기지 못하는지 얼마 전부터
손에 박힌 못이 자꾸 빠진다
다시 못을 끼워 넣어야 하는데

차마 다시 박을 수 없어 종이테이프로
십자가와 함께 감았다
두 번 아픔 드릴 수 없기에

목 긴 민들레

올레길 18코스 화북 포구에서 해안 따라
별도봉 정상을 왼쪽 가슴에 둔 채
사라봉 등대를 바라보며 걷다

얼기설기 뚫린 화산석 돌담을
거친 넝쿨 숨차게 감싸고 돌고 돌아
유난히 목 긴 민들레 맞물려 기대어있다.

늦은 봄날 거친 바람은 지나쳐 가더라도
여객선 떠나는 모습에 얽힌 사연들을
바다 품은 짙은 향기로 남겨 두고 갈 것이다

고사리 주먹손과 찔레꽃이 반기는
숲을 지나 뒤돌아보며 목이 길어진 사유를
물을 것이다 가는 봄날이 안타까운 거냐고

등대 뒤로 벨롱 벨롱 아기별 떠오를 때까지
놀멍 쉬멍 지금 이 순간을 눈에 담아야지
알오름 자락에 검은 토끼 눈짓도 주지 않는다

지하철 종점

서울 스쳐 가는 지하철 안내도 들여다 보다
많은 노선에 복잡하고 혼란스럽다
처음 들어 보는 역이 더 많다

노선별 양 끝 머무르는 곳에 종점 있다
어떤 풍광과 모습으로 존재하고 있을까
맛깔스러운 먹거리도 기다리고 있을 것 같다

종점 순례 계획을 세워 본다
순례길 완주는 제법 오래 걸릴 것 같아
삶의 종점 병행하여 천천히 움직여 봐야지

전철 공짜 지공거사의 혜택 누리면서
순서가 중요하지 않다
꽃 피고 바람 부는 곳이면 어느 곳이라도 좋다

인생 종점 다가오기 전에 여러 종점 모습
눈에 오래오래 담아야지
누군가 기다려 줄 것 같은 환희를 기대하며

제3부 소중한 것

바람과 구름
기도합니다
엄마가 돼야
가족사진
나비잠
소중한 것
딸과 아들
아가 손
이웃 친구
비 오는 골목길
오랜 반찬
나의 반쪽
보리밭
나와의 약속
늦바람 났어요
엄마의 밥상
검은 송편

바람과 구름

바람이 구름을 데려온 날
하루 종일 같은 구름은 없다

하얀 구름은 설렘
붉은 구름은 희열
검은 구름은 긴장

뭉게구름은 맑음
새털구름은 흐림
양떼구름은 빗방울을 부른다

오늘은 구름 한 점 없다
바람이 구름을 데려갔다

기도합니다

행복을 주시라 했더니 감사를 배우라 하시네요
행복도 불행도 내가 만드는 것
용서할 수 있는 힘 주셔서 감사합니다

어찌 이리 마음이 바쁠까요
올바른 어른 노릇을 할 수 있도록
지혜를 주셔서 감사드립니다

나에게 나를 묻습니다
받는 기쁨은 짧고 주는 기쁨은 길어도
부모란 결국 못해 준 것만 남습니다

아버지 능선 넘어설 수는 없으나
세월은 아버지를 닮아가게 만듭니다
아버지가 되고서야 그 뜻을 아래로 물립니다

엄마가 돼야

엄마가 돼야 엄마 마음 안다던데
딸은 그런 엄마 마음 알아챘나 보다
손녀에게는 벌써 훌륭한 엄마 되어버렸다

도시락 하나 건강 관리 정성 다하고
머리 묶음 옷 한 가지에도 마음 전한다
모녀는 눈빛만 봐도 뜻이 통하나 보다

지난 세월 제 엄마와 교감하면서 익힌
가슴 담은 사연들 하나둘 풀어내고 있다
딸은 어느덧 엄마가 되어 있다

가족사진

늙는 게 처음이라 서툰 게 많다
더불어 가는 세월 빛바랜 사진첩 펼쳐 본다
많이도 변해버린 뿌연 그림자

대목마다 숨이 멎는다
흩어져 버린 많은 순간
지난 삶과 시간의 교차점
끌어안고 노을빛 머금고 있다

그리움에 젖어 손바닥 대보고
흐른 시간 묻어 두며 쉼 없이 몸부림친다
바랜 빛 멈추니 작은 추억 노출된다

앨범 줄이고 버리고 해야 할 텐데
이번에도 두꺼운 사진첩을 다시 덮으며
마음속까지 덥혀줄 두꺼운 옷을 찾는다

나비잠

오늘 하루
맑은 눈동자로 본 것들 오래 머금고
꿈속에 다시 찾으려 잠이 들었나 보다

손가락 접어 주먹 쥐고 기억들 되돌리며
만세 부르듯 두 팔 올려 눈 감고 웃음 짓한다

다시 눈을 뜨면 어떤 것이 보일까
날마다 새로운 것을 느끼고 첫 만남을 기대한다

자장가 소리 매달고 여우비 잠깐 다녀간 뒤
햇빛이 비치면 다시 눈 뜨고 예쁜 것들 볼 거야

나비잠에서 깨어나면 엄마에게 물어봐야지
창밖에 탐스러운 솜사탕이 목련꽃 아니냐고

칠 일 후면
또 1년을 기다려야 볼 수 있는
아쉬운 꽃이냐고
그땐 내 나비잠은 사라질 거야

소중한 것

더 나이 들기 전
영정사진 찍어 두기
사진과 앨범 정리하기

책과 옷, 기증하기
가슴에 와닿는 시
한 편 더 써보기

가장 아름다웠던 순간
기록 남겨두기
가보고 싶은 곳 순서 정해서 가보기

불타는 노을 보며
와인 한잔
지금 먹고 싶은 거 생각하기

소중한 것은 남겨 둬야 하는데
부모님 사진 한 장

딸과 아들

딸은 딸을
아들은 아들을 얻었다
부모가 되었다

아이에게 정성을 다하는 게 신기하다
본인이 받은 것 그 이상이다
고맙고 기특하다

부모는 못 해준 것만 남고
되기보다 닮기가 어렵다는데
스스로 터득하고 있다

세월 변해도 내리사랑 변함없고
훗날 아이가 부모 되는 그날 그려 보며
순간순간 가슴에 담는다

아가 손

오동통 팔뚝 포동포동 손 봉우리
손등에 보조개도 앙징맞다

복숭아 속살보다 더 하얗고 맑다
주먹 꼭 쥐고 자다 깨면

조개 속살 움직임으로 꼬무락
뭔가 잡으려 애쓰고 있다

여의찮은 듯 입 안에 넣어 보고 있다
아가 손등 조심스레 검지 대어 본다

이웃 친구

이웃에 사는 친구들과
동네에 역사 탐방 모임을 만들다

걸으며 역사와 꽃과 나무 이름도
배우는 공부는 덤이다

사육신묘 양녕대군묘 효령대군묘
효사정 용봉정저정 용마산 현충원···

지난 세월 돌이켜 보며 기념사진도
남기고 동영상도 만들어 보고

지난 한 달 얘기로 한참 웃고
만 원의 행복으로 맛집 순례의 길에 나선다

과거와 현재를 동시에 만끽하며
다음 달 순례길을 잡아 본다

변해가는 모습이 안타까워도
아파하는 얘기라도 이웃이어서 좋다

비 오는 골목길

소나기 내리는 골목길 접어들다
전신주에 매달린 가로등 불빛 뿌옇고
막다른 길처럼 가슴 조여 온다

흐르는 빗물이 여름빛 짙은 나뭇잎
훑고 내려 길바닥까지 이어지고
흐린 불빛 몇 개 멀리서 되돌아온다

빗물 서서히 몸과 신발에 젖어 들고
마음까지 스며들어 차가움이
전율을 느끼게 한다

늘어진 전깃줄 타고 내리는 빗방울들은
하늘과 땅을 묶어 주려 하고 있다
비 오는 골목길은 발길 머무르게 한다

이층집 꺾인 벽면 타고 빗물 쏟아져 내리고
창틀에 걸쳐진 화분 한 개 질긴 빗줄기
그치기를 기다리고 있다

오랜 반찬

은빛 반짝임에 작고 허연 몸매
크고 굵은 친구는 얼굴 없기도 하다
붉은 고추장을 덮어쓴 친구
모두 나름대로 입맛이다

어떨 때는 검은콩 꽈리 고추 땅콩과
만나기도 한다
누굴 만나도 즐겁다
긴 세월 물리지 않아 좋다

어머니의 손맛과 사랑이 담겨
아직도 이어 오고 있다
밥상과 도시락에서
오랫동안 만나고 있다

요사이 막걸리 맥주와도
친하게 지내고 있다
밥상보다 술상에서
멸치다운 대우 받고 있다

나의 반쪽

장모님 딸자식
애들 엄마와 45년 함께한다

시엄마 아들로
애들 아빠로 45년이나 살고 있다

부부는 로또가 맞다
지독히 안 맞으니까

결혼기념일은
서로 운명을 바꾼 날

아들딸 손녀 손자가
지켜 보고 있단다

칼로 물 베기를 여러 번 하고도
아픈 곳을 챙겨 주고 있다

보리밭

*탐진강 줄기 갈라져 흐르는 작은 강줄기
쌓아 놓은 뚝 아래 돌 틈 사이
장어잡이하고 돌아오다가

네모진 방 천장 밑 각진 메줏덩이
새끼줄에 묶여 매달려 있고
눅눅하고 쾌쾌한 냄새 스며든다.

대접에 반만 담긴 보리밥이
고추장과 잘 어울린다
갓 버무린 열무김치 보릿고개 넘긴다

먹구름 몰려와 빗방울 부르고
보리 이삭 필 때까지 밭길 따라
발걸음 옮겨 툇마루에 눕는다

완도 보길도 지나 청산도 보리밭
옆길을 느리게 걷는 꿈을 꾼다
바닷바람 타고 보릿고개 넘는다

*탐진강: 전남 장흥부터 강진으로 흐르는 강임.

나와의 약속

홀가분하게 살기는 어려운 일인가 보다
인간의 본질은 외로움이어도
만나야 할 사람들 아직 많이 남았나 보다

더한 어려움 다가오더라도
열심히 남은 삶을 챙기기 위해
사랑을 받으면 힘이 생겨날 것이다

인연이란 날개가 다시 찾아와
눈 덮인 벌판처럼 밝고 깨끗하게
축복의 시간으로 찾아올 때까지

부탁받지 않은 충고 하지 않을 것이며
용서는 어렵지만 마음이 열릴 때까지
오래 참아야 할 것이다

매일 꽃 같은 하루가 되길 바라지만
그래도 기다려 볼 것이다
눈감고 나와의 약속을 묻어 둔다

늦바람 났어요

사월 봄바람 물러난 초평저수지
울타리 옆 노란빛 뽐내고 있다
산수유 벚꽃 복숭아꽃 사과꽃
차례로 지고 난 뒤 혼자 늦바람 난 게 틀림없다

애기똥풀은 가느다란 가지 위에 얹혀
네 잎 꽃 벌려 누군가에게 손짓하고 있다
물오른 가지 타고 올라 연한 이파리
짙게 변색할 날 기다리고 있다

젖풀이라 불려서 엄마의 정성일까
가지 꺾어 즙이 나와 몰래 주는 사랑인지
밝은 빛으로 정다운 것이 바람난 게 맞나 보다
단단히 초여름 맞을 채비하고 있구나

엄마의 밥상

팔각 옻칠 나무 소반 위에
정갈한 반찬들
깊은 온기 느껴진다

감자조림 고등어구이
도라지무침 파김치
계란후라이 오징어젓갈
밥과 김 콩나물국

그리고, 사랑 한 사발

검은 송편

통통하게 배부른 난로 뚜껑 위로
오전엔 양은 도시락 수십 개 탑을 쌓고
오후엔 커다란 주전자 순번 기다리고 있다
추운 날 덥혀주는 유일한 난방 기구

난로 속은 벌겋게 달궈져 가고 있다
온도 높아가면 연통도 색을 바꾸고
불길 속을 커다란 집게로 송편 닮은
검은 조개탄 몇 개 더 던져 넣어 본다

지난 날의 조각들이 불현듯 스칠 때면
붉은 가슴 후비는 부지깽이 되어
열정을 다독이고 삭혔던 날 겹겹이 쌓이고
창밖 눈발 거세지면 가슴 더 뛸 것이다

제4부 순회공연

그림 그리기
병실의 꿈
해와 달의 밀회
한 달 살기
이번 달 음식
뻥튀기 공작소
짧은 소풍
순회공연
복어의 복수
헤어짐
이팝나무 꽃잎 되어
그날 밤
자화상 그리는 시간
두에기 해변
작은 공간
행복한 무궁화
골목길

그림 그리기

겨울은 수묵화
간결한 기다림

가을은 유화
깊고 화려함

여름은 수채화
소나기 같은 시원함

봄날 파스텔화
피어오르는 애틋함

병실의 꿈

창밖의 풍경은
오래전부터 정지되어 있고
흰색 벽면은
회색빛 감운을 돌게 한다

아직도 미약한 통증은 남아 있고
벽시계 바늘 소리는
크지만 더디게 움직인다

링거 방울 떨어지는
시간은 길기도 하고
침대 시트 베게 환자복 모두
차갑게만 느껴진다

잠 한숨 청하려면
커튼 걷고 또 다른 검사와
약 먹을 시간이라 깨운다

새로운 시작을 위해
마음의 문을 열려고 하지만
병실의 꿈은 쉽게 깨지 못하고
여운만 길게 남는다

훗날, 이 순간
쉼의 시간이었다고 생각되려는지
다가오는 새벽은 멀기만 하다

해와 달의 밀회

어둠 뚫고
붉은빛 떠올려 세상 비추니
해님이라 하더라

어둠 다시 내려와
달무리 안고 밝혀주니
달님이라 하더라

해와 달이
교감하며 안부를 전하니
돌아서 고개 숙인 별님도 있더라

해와 달의 밀회는
오묘한 사랑 그리기
같이 있지 못해 아쉬워
그리움만 남더라

어쩌면 좋아요
서로가 미안하단 말도 하지 못하고
헤어져 눈물짓는 애틋함이더라

한 달 살기

늦여름 날 고흥 반도 동쪽 바닷가 마을
말복도 지났는데 움직이지 않아도 덥다

첫날 파도 소리에 잠 못 이루다
방충망에 붙은 벌레들 종류도 양도 엄청나다

여수 여자만은 노을이 제일 예쁜 곳
바다 건너 이곳은 일출이 가장 아름다운 곳

환상적인 붉은색으로 모두 덮여 있다
황홀경이란 이런 건가 보다

피어오르는 뭉게구름 가슴 태운다
바다 내음과 뱃소리가 포근하게 퍼진다

삼치 장어회 입맛을 부르고
젓갈에다 더운밥 한 그릇 게 눈 감추듯

더위에 지친 미루나무 아래 정자엔
마을 어르신들 부채질로 소나기를 청한다

별빛 쏟아지는 밤이 되면 눈이 맑아진다
여름날 가는 게 아쉬워 수박 한 조각 입에 문다

귀뚜라미 소리가 점점 커지고
여름 가고 가을 오듯 다음 계절 재촉하고 있다

이제
파도 소리가 자장가로 들린다
전등을 꺼야겠다
벌레들도 잠들게

이번 달 음식

해오름달, 빵빵한 한 해가 될 거예요
시샘달, 내가 먼저 사과드릴게요.

물오름달, 웃어봐요 행복해요
잎새달, 어깨를 쫙 펴자

푸른달, 놀랄만하다
누리달, 우리가 함께라면

견우직녀달, 세월 참 빠르군 밤은 또 올텐데
타오름달, 널 좋아할 수밖에

열매달, 쫄면 안돼 꿈을 펼쳐 봐요
하늘연달, 꿀맛 나는 세상

미틈달, 치맥은 금요일 밤 열한 시가 맛있어요
매듭달, 내년에도 술술 풀릴 거야

마음을 가다듬고 해거름

뻥튀기 공작소

곡물 몇 알이 이렇게 커지다니
곡물 나라에선 풍성하겠다

인생도 이렇게 부풀려지면 얼마나 좋을까
어느 만큼 크게 변하면 만족할까

뻥튀기 한 점 물고 지난 세월 돌이켜 본다
하얗고 맑고 크게 꿈을 키워본 적 있는지

뻥튀기 공작소 기계에
꿈을 몇 알 넣어 볼까?
큰 소리와 함께 쟁반만큼
키워지길 기대하며

짧은 소풍

봄을 밀어내고 부슬비 오는 날
연산홍과 박태기나무꽃 맑은 빛을 내고 있다

무궁화 조화를 앞세우고 고즈넉하게
잊지 못할 많은 님들이 잠들어 있다

몸과 마음이 쓰리도록 아파왔던
짧은 소풍을 마무리하고 줄지어 있다

아직 할 얘기들이 많은데
해바라기처럼 태극기 쳐다보며

빗물에 상처를 씻어 가며
현충원의 꽃이 되어 쉬고 있다

순회공연

비가 내린다
땅을 만나 깊숙이 스며든다
물방울이 되어
친구들을 만나고 냇물 되어 흐른다

강에 이르러
더 많은 친구들과 어울린다
오랜 시간 여행하며 많은 구경하게 되고
모든 것을 받아 주는 바다에 이른다

햇볕을 만나 더워진 마음으로
하늘을 만나러 간다
끝까지 도착하기 전 예쁜 구름이 되버렸다

천둥과 번개에 놀라 회색으로 변하더니
다시 물이 되어 땅과 강과 바다에
떨어질 것이다

순회공연 하는 과정에 만나
마시고 씻게 하고
식물과 동물들을 살아가게 한다

물을 만들어주셔서 감사하고
마음껏 쓰게 해주셔서 감사하며
앞으로도 계속 쓰게 해주셔서 감사하다

복어의 복수

복국 살 한 점 먹다
목 위쪽에 복 가시 덜컥, 걸린다
복어 가시는 세기도 하다는데
자그마한 게 몹시도 불편하게 한다

결국 병원 신세 지고 말았다
빼고 나서도 얼얼하고 뜨끔하다
분명 제 살 씹었다고 호되게
복수하고 있는 것이다

복에는 가시가 있구나
모든 생선에는 뼈와 가시가 있다
복수의 도구로 쓰고 있다

나에게도
그런 도구가 있을까

헤어짐

아름다운 것은 오래 머물지 못한다
화려한 꽃들도 시들어 가듯
행복한 순간은 짧기만 하다

반짝이는 별빛도 사그라지고
아픔을 잊기는 어렵지만
소중한 하루 만들기는 더 힘들다

세찬 파도 잔잔한 물결도
모래 속으로 금세 스며들고 만다
그 품 안이 더 그립기 때문일 것이다

가슴이 시리도록 아쉬워도
오늘과 헤어짐은 다가온다
또 다른 새로운 새벽과 맞서고 있다

이팝나무 꽃잎 되어

포화 멈춘 지 오십 년 현충원 밖 길 건너
월남참전기념비를 이팝나무 꽃송이들이
야간 전투 불빛 되어 덮고 있다
입구에는 잊혀가는 님들이 안타까워
쑥부쟁이 서로 키 재면서 통로를 막고 있다

칠십여 년 전 총성 그친 뒤 흑석고개 효사정 옆
학도의용병현충비를 이팝나무 가로수 되어
말없이 안내하고 있다
이팝나무 하얀 꽃잎들은 그날의 스러져간
슬픈 영혼의 넋을 지켜 보고 있다

너무 빨리 잊혀 있는 건 아닌지
월남참전기념비와 학도의용병현충비는
가까이서 말없이 바람만 스친다
탐스럽고 포근한 이팝나무
꽃무덤 되어 감싸고 있다

그날 밤

그렇구나
그까짓 거

그러려니
그러거나 말거나

그럼에도 불구하고
그랬었구나

그러게요
그랬듯이

그러니까
그럴싸해

그대에게
그리워요 … 그 님

자화상 그리는 시간

모진 바람 스쳐 간 세월 뒤로한 채
해가 저무는 때
거울을 보며 어색한 미소를 짓습니다

달빛이 어슴프레 비추면
또 다른 나를 찾아내어
흩어져 버린 조각들을 모아봅니다

아직은 누군가 좋아하고
사랑할 수 있는 공간을
가슴 한곳에 남겨두고 싶습니다

많이 손해 보는 삶이었어도
이제 다독이고 싶습니다
자화상 그리는 이 시간에

두에기 해변

안면도 중간 두에기 해변을 따라 걷다
초여름 재촉하는 빗줄기가 굵어져
솔밭 속 민박에서 하룻밤을 청한다

이른 저녁 밥상에 어린 상추가
제육볶음 꽃게탕을 만났다
막된장과 밑반찬 입맛 돋운다

행복한 밥상을 상추가 앞장선다
상추쌈 포만감에 편한 잠도 기대한다
멋진 낙조를 기대했지만 꿈결에 보일까

세찬 바람은 파도 소리 어울려
잠자리를 방해하고 빗소리 더 거칠게
깊은 밤을 재촉하고 있다

작은 공간

눈을 감으면 떠오르는 모습
지금 생각나는 사람이 제일 중요하다
언제나 따뜻한 체온 그립게 한다

긴 기다림 끝 조용히 다가와
아련히 파동치는 물결들
가슴 깊은 곳 전율이 파고든다

꽃이 피기까지 아픔 따르고
아직 봄을 시기하는 바람 차다
흔들리는 새잎들 어둠 머금을 때

셋방살이 같은 작은 공간에도
언젠가 흔들어 깨우는 새벽은 찾아오고
여명 벗어나 아침 맞는 기쁨은 배가 된다

행복한 무궁화

끝없이 피어나는 지지 않는 꽃
꽃봉오리들이 차례로 피어나
여름 긴긴날,
백 일간 피는 꽃

단심 있는 홑꽃 반겹꽃 화려한 겹꽃
순백색 배달계 연분홍
아사달계 중심 있는 단심계
삼백여 종 꽃 모양 우리의 꽃

아침에 피어 한낮에 만개하고
저녁에는 수줍어 숨는 모습이 다소곳해도
쉼 없이 부지런한 움직임이다

무궁화꽃이 피었습니다
삼천리 화려강산 수놓을
무궁화를 마음에 담습니다

무궁화 글꽃이 핍니다
글은 보이지 않는 힘
행복한 무궁화꽃이 피었습니다

골목길

늦은 밤 골목길에 접어들다
불 꺼진 상점들 삶의 얘기를 접고
처마 밑에 세월을 엮고 있다

작은 불빛 몇 개가 반쯤 모습을 감추고
힘들게 살아온 것을 수고했다고
다독거리고 있다

빗방울 떨어지고
아스라이 그 시절 뒤로 걸친 채
전깃줄 바람에 스친 소리
귀담아들어 보다

계절의 끝이 다가와 안타까운 손짓 해도
다른 부름이 있어도 그냥
이곳에 머물러 있어야겠다

숨이 멎도록 어두운 골목 끝자락
화려함은 없어도
넓고 푸른 바다가 끌어안고
골목길을 안아줄 것 같다

맺는말

두 번째 시집을 정리하고
맺는말은 분위기를 바꾸어 써보기 위해
동해 외홍치항 부근 바닷가를 찾았습니다.

하나를 마무리함에 안도가 아니고
언덕 하나를 넘어가며 숨 한번 크게 쉬기 위해
이렇게 먼 걸음 하여 바다 풍경을 마주합니다.

오늘 맺는말을 끝내고 흐려지는 바다를 보며
술 한잔 곁들이면 좋을 것 같은 하늘색입니다.
갈수록 부끄럽긴 합니다만
살아온 이야기, 주변과 자연에서 느낀 얘기까지
기록하고 남겨두려 합니다.

첫 시집을 내고 작은 흔들림이 파장을
키운 듯합니다.
1년도 되지 않아 큰 용기를 낸 것을 혼자
다독거려봅니다.
마음속에 응어리들은 다 풀지는 못해도
다가와 느끼는 단어들을 모아 보려 했습니다.

바다 멀리 새섬에 갈매기 날아 앉아
육지를 넘겨다봅니다.
곧이어 다가올 장맛비와 가을 겨울을
맞을 준비를 하는가 봅니다.

첫 시집에 이어
두 번째 시집도 쉽지는 않았습니다.
내 자신에게 무얼 열심히 했는지
물어봐야 할 차례인 것 같습니다

이제 모든 것을 끌어안아야 할
나이가 되어가는 듯합니다.
바닷바람이 싱그럽습니다.

첫 시집에 이어 두 번째 시집도 끝까지
돌봐주신 박종규 교수님께 깊은 감사를 드립니다.

2024년 한여름을 앞두고
외옹치항 바닷가에서
손 두 형

해와달의 밀회

초판 인쇄	2024년 06월 14일
초판 발행	2024년 06월 19일
지은이	손 두 형
발행처	다담출판기획 TEL : 02)701-0680
	서울시 영등포구 영신로30길 14, 2층
편집인	박 종 규
등록일	2021년 9월 17일
등록번호	제2021-000156호
I S B N	979-11-93838-15-0 03800
가 격	14,000원

본 책은 지은이의 지적재산이므로 무단전재와 복제를 금합니다.